EL MÁXIMO SECRETO DE LA NATURALE

¿POR QUÉ SE OCULTA EL SOL?

MARIE ROGERS

TRADUCIDO POR ESTHER SARFATTI

PowerKiDS press™

New York

Published in 2021 by The Rosen Publishing Group, Inc.
29 East 21st Street, New York, NY 10010

Copyright © 2021 by The Rosen Publishing Group, Inc.

All rights reserved. No part of this book may be reproduced in any form without permission in writing from the publisher, except by a reviewer.

First Edition

Translator: Esther Sarfatti
Editor, Spanish: Rossana Zúñiga
Editor: Amanda Vink
Book Design: Rachel Rising

Portions of this work were originally authored by Violet Miller and published as *Why Does The Sun Set?* All new material in this edition authored by Marie Rogers.

Photo Credits: Cover, p. 1 Creative Travel Projects/Shutterstock.com; pp. 4,6,8,10,12,14,16,18,20,22 (background) cluckva/Shutterstock.com; p. 5 Edmund O'Connor/Shuttestock.com; p. 7 Vladi333/Shutterstock.com; p. 9 C. Rene Ammundsen/Shutterstock.com; p. 11 Triff/Shutterstock.com; p. 13 voyata/Shutterstock.com; p.13 Victoria Lipov/Shutterstock.com; p. 15 VectorMine/Shutterstock.com; p. 17 biletskiy/Shutterstock.com; p. 19 Pakhnyushchy/Shutterstock.com; p. 21 LeAndr/Shutterstock.com; p. 22 vovan/Shutterstock.com.

Library of Congress Cataloging-in-Publication Data

Names: Rogers, Marie, 1990- author.
Title: ¿Por qué se oculta el sol? / Marie Rogers.
Description: New York : PowerKids Press, [2021] | Series: El máximo secreto de la naturaleza
   | Includes index.
Identifiers: LCCN 2019050017 | ISBN 9781725320642 (paperback) | ISBN
   9781725320666 (library binding) | ISBN 9781725320659 (6 pack)
Subjects: LCSH: Earth (Planet)–Rotation–Juvenile literature.
Classification: LCC QB633 .R58 2021 | DDC 525/.35–dc23
LC record available at https://lccn.loc.gov/2019050017

Manufactured in the United States of America

CPSIA Compliance Information: Batch #CSPK20. For Further Information contact Rosen Publishing, New York, New York at 1-800-237-9932.

CONTENIDO

Una y otra vez

Durante un día en la Tierra, el Sol parece moverse por el cielo. El Sol sale por la mañana, por el este, y se pone por la noche, por el oeste. Cada día ocurre lo mismo.
Pero, ¿por qué?

La rotación de la Tierra

Aunque parezca así desde la Tierra, en realidad ¡el Sol nunca se mueve! Solo lo parece porque la Tierra está rotando. Cuando algo rota, significa que gira alrededor de un punto o de una línea central.

7

La velocidad de rotación

Los humanos no sentimos el movimiento de la Tierra. Eso es porque todo lo que hay en la Tierra, incluidos los humanos, también se mueve. La **velocidad** de rotación depende de dónde estés en la Tierra. En el **ecuador**, la Tierra gira más rápido que en los **polos**.

El eje de la Tierra

La Tierra gira sobre su eje. Un eje es una línea imaginaria alrededor de la cual rota algo. El eje de la Tierra pasa por el polo norte y el polo sur. La Tierra no está recta sobre su eje: ¡este está **inclinado**! Esto hace que la luz solar llegue a diferentes zonas de la Tierra de forma distinta.

Lados diferentes

La rotación de la Tierra dura 24 horas, o un día. Como la Tierra es redonda, no todos los lugares miran al este al mismo tiempo. Entonces, en un lado del mundo será de día, mientras que en el otro, será de noche.

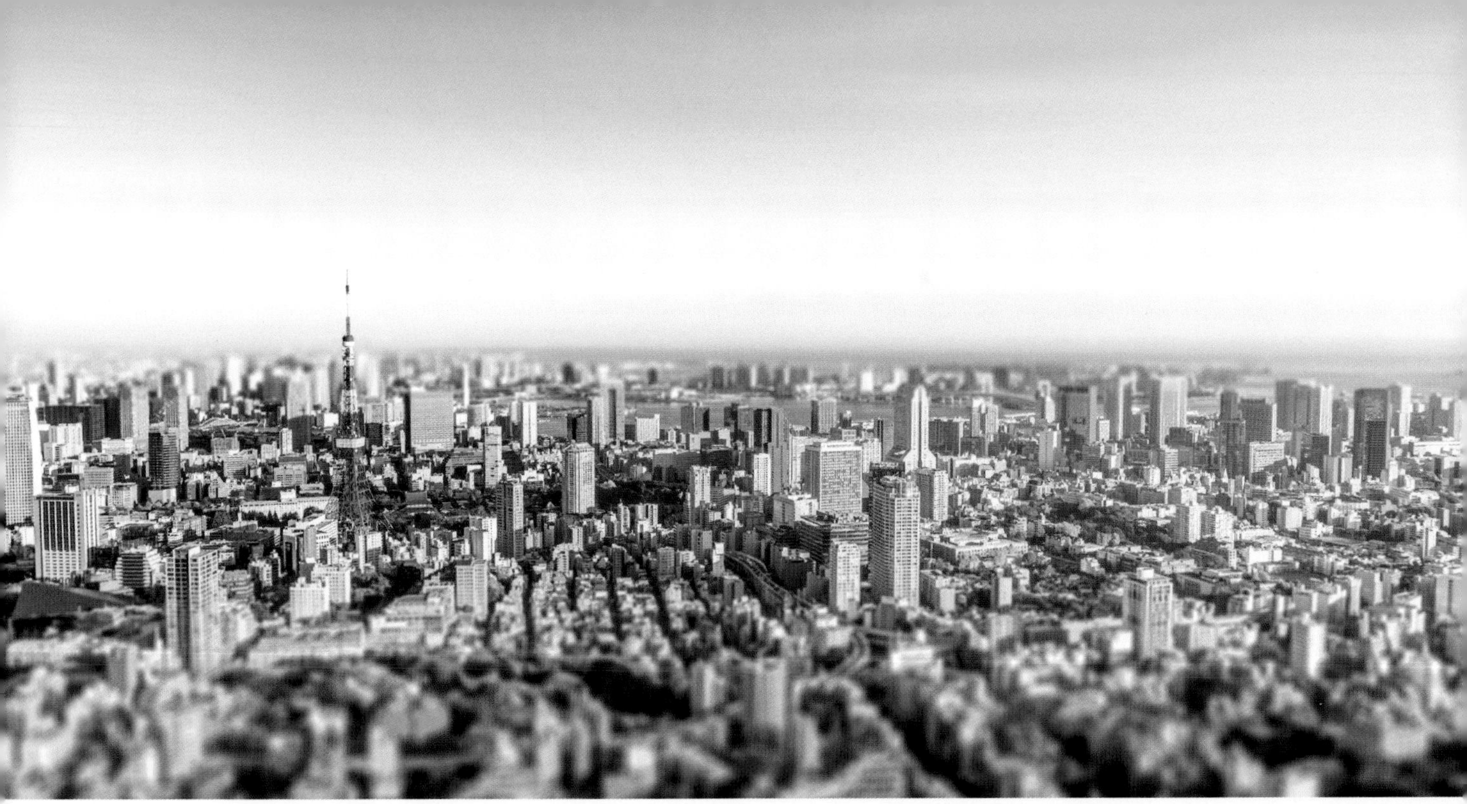

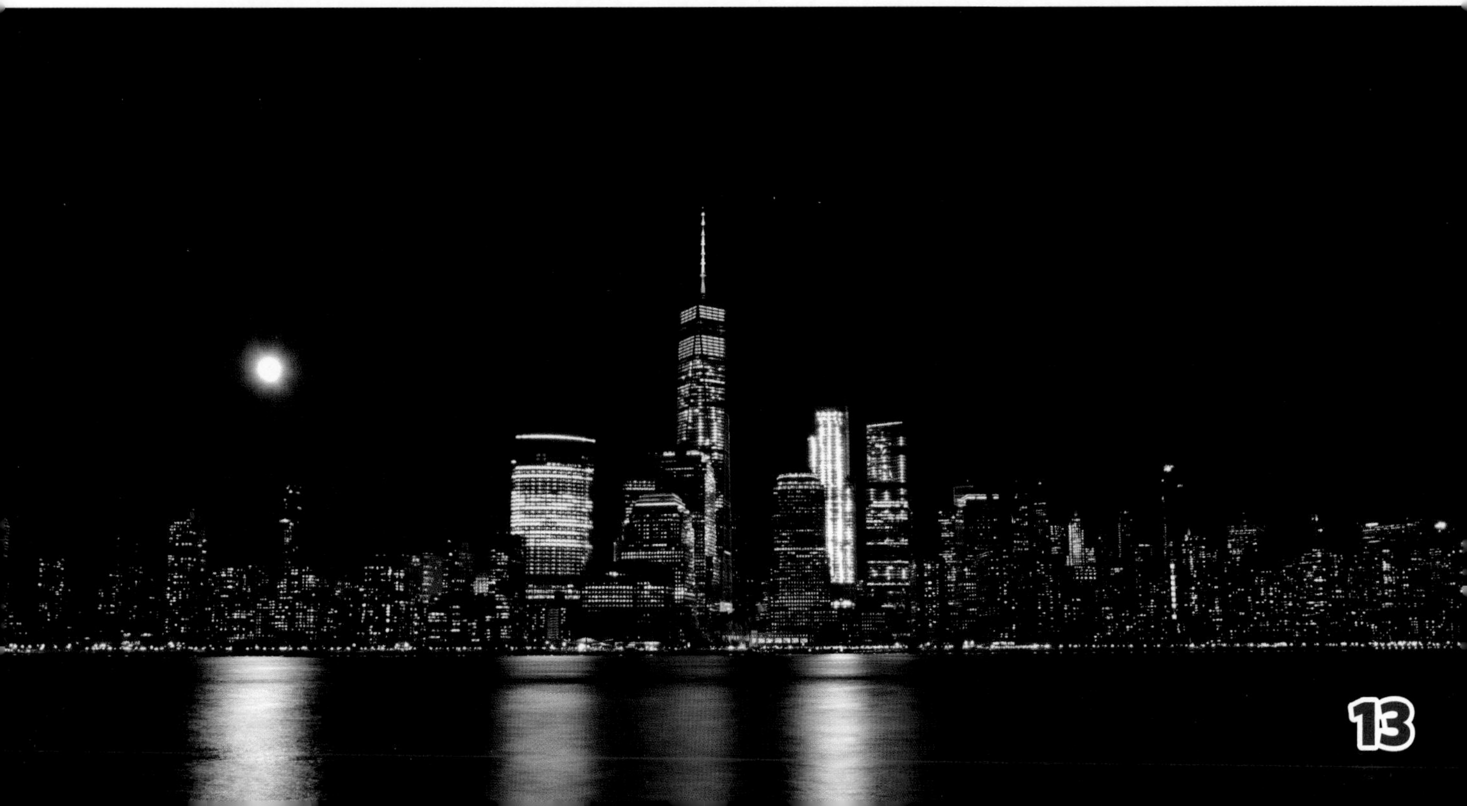

La duración del día

Los lugares que están en el ecuador tienen más o menos la misma cantidad de luz del día durante todo el año. En los polos de la Tierra, la cantidad de luz del día cambia según la época del año. ¡En el polo norte el Sol no se pone durante el verano!

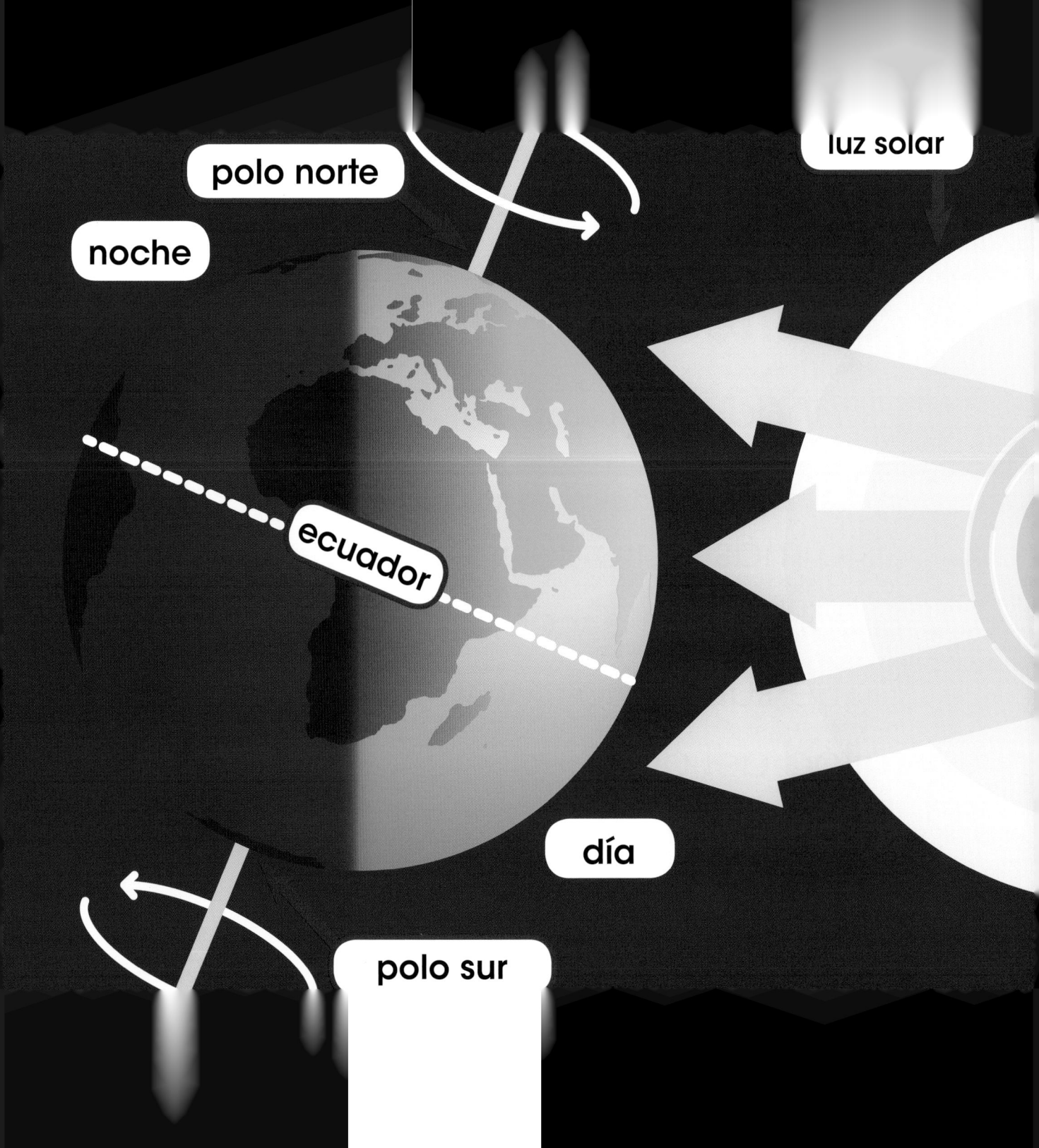

Amanecer

Cuando sale el Sol, el cielo cambia de oscuro a claro. Cuando el cielo está más claro, llega el amanecer. El Sol aparece y comienza a salir. Sigue subiendo durante la primera mitad del día. Cuando el Sol llega a su punto más alto, es mediodía.

17

Mediodía

El Sol desciende mientras la Tierra va rotando en dirección opuesta a él. En verano, el Sol se eleva, o sube, más alto en el cielo que en invierno. Eso se debe a la inclinación del eje de la Tierra. Algunos lugares miran al Sol de forma más directa en diferentes épocas del año.

19

Atardecer

Mientras la Tierra sigue rotando, el Sol comienza a ocultarse. Esto se llama atardecer. Las puestas de sol pueden ser muy hermosas. A veces tienen colores rojos, amarillos y anaranjados. Incluso, después de que el Sol desaparece del cielo, su luz colorea el cielo durante un ratito más.

Un nuevo día

Una vez que el Sol se ha puesto, comenzamos a ver la Luna y las estrellas. Ellas nos dan luz. Además, ¡parece que se mueven también! Eso es porque la Tierra gira toda la noche. Por la mañana, el Sol sale para saludarnos de nuevo.

GLOSARIO

ecuador: un círculo imaginario alrededor de la Tierra que está a igual distancia del polo norte y del polo sur.

inclinar: cuando algo se mueve de tal modo que queda cargado hacia un lado.

polo: uno de los dos extremos o puntas de la línea imaginaria sobre la cual gira la Tierra.

velocidad: el ritmo al que alguien o algo se mueve.

ÍNDICE

SITIOS DE INTERNET

Debido a la naturaleza cambiante de los enlaces de Internet, PowerKids Press ha elaborado una lista de sitios de internet relacionados con el tema de este libro. Este sitio se actualiza de forma regular. Por favor, utiliza este enlace para acceder a la lista:
www.powerkidslinks.com/tsn/sunset